PREMIÈRE LETTRE

A

UN ÉLECTEUR

DE

L'ARRONDISSEMENT DE MANTES.

PREMIÈRE LETTRE

A

UN ÉLECTEUR

DE

L'ARRONDISSEMENT DE MANTES.

PARIS.

IMPRIMERIE DE BÉTHUNE ET PLON,

36, RUE VAUGIRARD.

1842

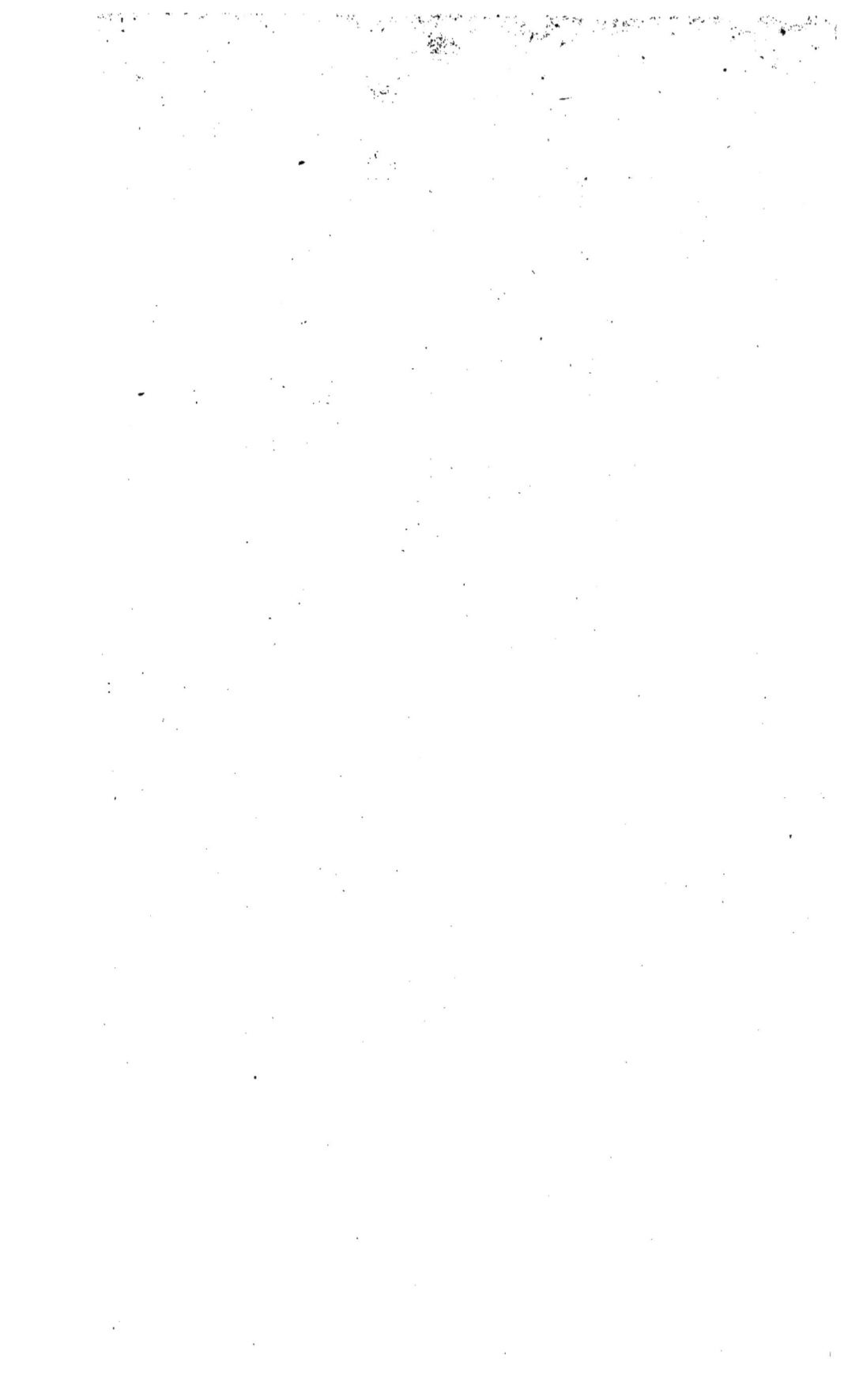

Vous voulez, mon cher N***, que je vous fasse connaître ma pensée sur la situation sociale et politique de notre pays; que je vous dise mes craintes comme mes espérances, sans passion, sans faiblesse, évitant à la fois les illusions dont s'abuse trop souvent un patriotisme peu éclairé ou l'appréciation injuste d'un esprit chagrin ; vous voulez que je reprenne une de ces intimes conversations qui, il y a plus de dix ans, entraînaient si rapidement de longues soirées. — Jeunes alors, tous les deux à cet âge où le cœur a toute sa chaleur, où l'imagination pare l'avenir de couleurs brillantes, nous nous disions nos vœux, nos espérances pour la patrie, et la voyions déjà, dans notre pensée, grandir rapidement au bonheur et à la civilisation par la liberté.

Avons-nous aujourd'hui la même confiance ? Le temps, à mesure qu'il détruit bien des illusions dans le présent, n'a-t-il pas d'avance effacé bien des rêves de l'avenir ?

Parfois, vous l'avouez, le découragement pénètre en votre âme ; vous naguère si confiant en nos destinées, si rempli de foi en la bonté de certaines formes, en la fécondité de certains principes, vous vous prenez à douter : un peu plus, et vous renieriez les dieux de votre jeunesse.

Gardons-nous, mon cher N***, de ce découragement indigne d'hommes qui ont voulu être libres, fatal aux individus, fatal aux peuples qui s'arrêtent au milieu de la carrière; car, entraînés dans leur faiblesse, ils deviennent la proie du premier ambitieux qui sait les exploiter, et sentent bientôt retomber plus lourdement sur eux un joug qu'ils n'étaient pas dignes de briser.

Rappelons-nous cette loi éternelle de luttes et de combats qui pèse sur l'humanité, et dont la vie du citoyen est l'image.

Sachons au moins conserver ce que nous avons conquis au prix de tant de sacrifices; au lieu de nous laisser abattre, cherchons à pénétrer les causes des difficultés dont pour nous la route est semée. Étudions-nous nous-mêmes dans le passé, dans le présent, et peut-être trouverons-nous l'explication naturelle de ces difficultés, la raison de ces déceptions cruelles, de cette impuissance stérile qui jette l'abattement dans les esprits, et qui menace

1.

de nous conduire à l'indifférence politique.

Sachant quel est le mal, où est la plaie, le
remède sera peut-être plus facile à découvrir.

Appliquons-nous, comme peuple, cette
maxime que le sage applique à l'individu :
« Connais-toi toi-même. » Si l'individu ne se
perfectionne que par une étude constante de
lui-même, ce n'est que par une étude semblable de sa nature, de ses besoins, de ses
tendances, qu'un peuple peut s'avancer d'un
pas assuré dans la voie du progrès social.

Et puisque ce mot de *progrès* est venu
se placer sous ma plume, disons quel triste et
honteux abus on en a fait. Il n'y a pas d'idée
assez décrépite, de doctrine assez vermoulue
que l'ignorance ou l'intrigue n'ait décorées
de ce nom ou de celui d'*idées avancées*. On
n'y a pas assez fait attention : les mots, les
dénominations ont une grande importance
dans ce pays, où chacun, par vanité ou par
tout autre motif, a la prétention de formuler

sa pensée, où personne ne veut paraître rester en arrière de son voisin ; quelle bonne fortune alors que ces mots qui, à défaut d'idées et de lumières, semblent résumer toute une opinion, un système ; qu'il est commode de se placer tout d'un coup au premier rang en se disant *homme du progrès, homme à idées avancées.* — Il faut convenir qu'il y a là un bien séduisant appât pour l'ignorante vanité.

On ne saurait trop répéter combien sont dangereux en politique les mots vagues, mal compris, quel désordre ils jettent dans les esprits et souvent dans les choses. — Il faut le dire, il est singulier qu'en France, après nous être occupés depuis cinquante ans de formes gouvernementales, de constitutions, notre langue politique soit encore aussi pauvre. S'il est vrai qu'une des premières conditions d'une science soit une langue bien faite ou qu'une langue bien faite indique une science avancée, est-ce que par hasard notre science politique laisserait à désirer ?

Ainsi, il est un mot qui certes a fait assez de bruit et en fait encore : le mot *république* et ses dérivés. Eh bien ! je ne sache pas de mot qui semble être plus gros de choses, et qui cependant soit plus vague, incomplet, indéterminé. Quelle idée transmet-il à l'esprit ? Il désigne un gouvernement où il n'y a pas de pouvoir unique et héréditaire ; rien de plus. Maintenant, lorsqu'on parle de république ou d'institutions républicaines, pour savoir desquelles on veut parler, il reste à choisir entre les républiques de l'ancienne Grèce, entre les républiques suisses, entre la république de Saint-Marin et la république romaine, entre celle de Venise et celles des États-Unis, gouvernements qui, bien qu'ayant pour caractère commun d'être sans pouvoir unique et héréditaire, ont cependant entre eux moins de ressemblance qu'ils n'en ont avec certaines monarchies.

Il ne sera peut-être pas hors de propos de signaler encore ici un abus de langage qu'on a aussi laissé passer trop facilement. C'est cette épithète de *patriote* qu'un parti s'est décernée et prétend monopoliser à son profit. Ce n'est que ridicule, je le sais ; mais il n'en est pas moins vrai que cela produit un grand effet sur la masse inintelligente.

Pardonnez-moi ces réflexions, mon cher N*** ; je ne les crois point étrangères au sujet que j'aborde, suivant notre désir ; sujet bien grave qui plus d'une fois m'a fait sentir mon insuffisance, et sur lequel je serais heureux d'appeler les méditations d'un esprit plus éclairé que le mien.

Il y a environ cinquante ans, deux peuples, au nom de principes semblables, entreprirent de changer par une révolution leur organisation politique.

L'un de ces peuples, colonie florissante, il est vrai, mais dépendant de sa métropole, ne comptait pas encore par lui-même au rang des nations; il se composait d'hommes que les troubles religieux et civils de leur mère-patrie avaient forcés à s'expatrier : la plupart étaient commerçants ou planteurs.

L'autre peuple, placé au premier rang des nations européennes, riche de tous les trésors d'une civilisation à la tête de laquelle il marchait, et dont souvent il avait été le foyer, brillait à la fois par la puissance, par les lettres, par les sciences, par les arts; sa littérature venait de jeter un immense éclat, et les écrits de ses philosophes semblaient appeler l'humanité à une ère nouvelle de justice et de félicité.

L'un de ces peuples, après avoir conquis son indépendance, s'être placé au rang des nations, non-seulement a fondé sa constitution politique, a créé les détails de son administration intérieure, mais depuis, il a donné au monde le spectacle d'un développement de richesses et de population, d'une diffusion de bien-être, d'une sûreté dans sa marche et ses progrès, dont l'histoire des peuples anciens ou modernes n'avait pas encore donné l'exemple.

Pour l'autre peuple, après avoir aussi reconnu, proclamé, d'éternelles vérités, il a bientôt été entraîné au delà du but, et, depuis cinquante ans, il a parcouru sans repos le cercle entier des révolutions politiques. D'abord monarchie tempérée, puis république, passant de la république à une démocratie qui fut pour lui la plus sanglante des tyrannies, accablé, effrayé, cherchant un refuge dans le despotisme d'un seul, bouleversant alors par ses armes, l'Europe qu'avaient effrayée ses idées; puis, ramené par la puissance des événements à ses premiers essais de monarchie constitutionnelle, il a fait encore une révolution pour obtenir ces garanties, cet état politique qu'il semble poursuivre en vain.

Et maintenant que ce dernier fait est accompli, il est des esprits graves, éclairés, observateurs, qui se demandent si *cet abîme des révolutions,* que tant de fois déjà on s'était flatté d'avoir comblé, est à jamais fermé.

Je n'ai pas besoin de dire que j'ai voulu parler des États-Unis d'Amérique et de la France.

Comment se fait-il que ce qui a été si facile pour l'un, ait présenté et présente encore à l'autre d'aussi grandes difficultés? D'où vient cette profonde différence?

Un examen rapide des conditions dans lesquelles étaient placées les deux nations, nous le fera peut-être voir.

Les États-Unis d'Amérique ont été peuplés, en très-grande partie, par les émigrants venus d'Angleterre et d'Écosse, lors des dissensions politiques et religieuses qui agitèrent ces deux pays dans le xviie siècle. Quittant leur patrie, ils venaient chercher de l'autre côté de l'Atlantique, dans les solitudes de l'Amérique, une liberté religieuse et civile selon leur conscience. Presque tous appartenaient aux sectes de la réforme, dont les mœurs étaient les plus austères, les principes les plus rigides. En eux dominait la foi religieuse ; les croyances politiques n'en étaient qu'une conséquence, et s'appuyaient sur elle. Imbus des idées de théocratie biblique, au fond de leur âme, ils ne reconnaissaient d'autre gouvernement que celui du *Seigneur*.

Presbytériens ou puritains, ils repoussaient toute hiérarchie dans la constitution de leur église. En politique, l'indépendance de toute autorité étrangère à eux-mêmes était leur pensée dominante ; toute loi qui n'était pas faite par eux les blessait ; ils professaient, en un mot, les idées les plus absolues du *self government* (1).

« Rien n'est plus remarquable dans l'histoire des États-Unis, dit l'historien américain Bancroft, que l'attachement de toutes les colonies à leurs franchises ; partout, dès l'o-

---

(1) Cette expression ne peut se traduire littéralement ; elle exprime substantivement l'action de *se gouverner soi-même*, le gouvernement des citoyens par les citoyens.

rigine de leur établissement, il se forma des
assemblées populaires ayant le sentiment de
leur importance, la conscience de leurs droits
à se donner des lois. — Partout elles furent
mues par un esprit d'indépendance. — Dès
cette époque (1620 à 1660), la Virginie con-
sacra les principes de la souveraineté du
peuple; le Maryland organisa lui-même son
gouvernement; New-Plymouth, Connecticut,
Maine, basèrent leur législation sur la volonté
populaire. — Voici comment les habitants du
New-Hampshire commençaient une déclaration solennelle de leurs droits : « Aucun
décret, loi ou ordonnance, ne pourront être
mis en vigueur, s'ils n'ont été faits par l'assemblée et approuvés par le peuple; » proclamant
ainsi, dès leur début dans la vie politique, le
grand principe du gouvernement des citoyens
par les citoyens.

Voulez-vous enfin savoir suivant quels principes et en quels termes quelques pauvres
planteurs, arrivant d'Europe en 1620, rédi-

geaient leur *pacte social*, leur charte : « Au
nom de Dieu, nous soussignés, déclarons so-
lennellement, en présence de Dieu et de chacun
de nous, nous réunir, nous constituer en
corps politique, dans le but de notre intérêt
commun, et afin de pouvoir, en vertu de cette
convention, faire telles lois *justes et égales
pour tous*, ordonnances et règlements, créer
telles charges qui seront jugées nécessaires
au bien général de la colonie. Nous engageant
d'avance à nous y soumettre et conformer (1). »

En voilà assez pour apprécier l'esprit qui
animait et dirigeait les colonies américaines.
Bien qu'elles fussent et se reconnussent
sujettes de la métropole, Clarendon, ne faisant en quelque sorte que constater un fait,
disait d'elles : *The colonies of America arean
already hardened into republics*. Ce que les
Américains étaient dans le xviie siècle, ils
l'étaient encore cent ans plus tard, fermes

(1) Bancroft's history of the United-States, t. I, préf. p. vi,
250-309.

dans leur foi, fermes dans leurs principes
d'indépendance et de liberté, que l'expérience
avait développés et mûris, que l'habitude
avait enracinés.

Aussi, lorsqu'en 1774, soulevées par quelques causes secondaires, elles secouèrent le
joug de la mère patrie, déclarèrent leur indépendance, proclamèrent enfin, en 1787, leur
constitution, rien, pour ainsi dire, ne fut
changé à leurs formes sociales, à leurs mœurs;
loin de là, la forme politique qu'elles adoptè-
rent ne fut qu'un rapport de plus avec ces
mœurs, et la constitution ne fut que la for-
mule écrite, la manifestation par les mots de
ce qui existait déjà dans les faits.

Pour la France, les choses ne se présentent
pas avec la même simplicité.

La France était une vieille nation, elle
avait ses antécédents, ses préjugés, ses mœurs,
résultats de l'action long-temps répétée d'un
gouvernement, qui n'était lui-même que le

résultat naturel de la combinaison de ses éléments sociaux.

Un fait surtout dominait sa constitution
sociale, c'était le pouvoir monarchique, la
puissance d'un seul : la royauté; et la royauté
française n'était pas une simple forme qu'on
avait adoptée comme on aurait pu en adopter
une autre ; long-temps elle avait été la vie,
l'âme de la nation; c'est elle qui, de ses mains
puissantes et habiles, fondant dix peuples de
races et d'origine différentes, avait pétri notre
nationalité; puis, dans de longues luttes, avait
créé une vie commune de souvenirs, de gloire,
et avait enfin amené la nation au plus haut
degré de splendeur et de puissance au xvii^e
siècle, sous Louis XIV.

Aussi depuis cette époque la royauté do-
minait-elle sans partage ; toute puissance indépendante d'elle avait disparu. Les dernières
traces des libertés municipales avaient été sup-
primées ; les pays d'État avaient perdu leurs
assemblées ou n'en conservaient qu'un vain

simulacre. La magistrature osait à peine élever la voix ; les débris de l'aristocratie féodale
étaient aux pieds de la Royauté ; des nobles
elle avait fait des courtisans. Elle avait fait
plus que de les détruire, elle les avait dé-
considérés ; leur enlevant tout pouvoir politique, elle ne leur avait laissé que des priviléges ridicules ou odieux.

Aussi cette royauté, ne reconnaissant d'autres limites à sa volonté que son bon plaisir,
osait-elle dire : *Cette couronne que nous ne
tenons que de Dieu..... A nous seuls appartient la puissance législative, sans dépendance
et sans partage,* etc. Elle en était venue à ce
point, qu'à la fois centre et principe de tout
le système, il semblait qu'elle eût attiré à
elle toute la vie sociale, que rien en politique
n'existât de son existence propre, ne vécût
de sa propre vie, ne se gouvernât par sa
propre action.

Tout, depuis les plus hautes fonctions du
gouvernement jusqu'aux détails les plus mi-

nutieux de la vie sociale, ne s'exécutait que par le roi ou par ses agents.

On conçoit qu'un semblable ordre de choses dut avoir une influence puissante sur les mœurs.

Là où il n'y a pas de vie politique, il ne saurait y avoir de *mœurs*, de *vertus publiques*. L'homme se voit tout d'abord dépouillé d'un des caractères qui font de lui un agent libre et par conséquent moral ; de celui qui relève le plus la dignité de son être, qui stimule le plus puissamment son énergie, qui lui imprime le plus haut caractère de moralité : l'action libre qu'il peut exercer sur ses semblables, l'action que son individualité peut avoir sur le bien général, le bien-être social.

Aristote a dit quelque part : « L'homme est un être politique. » C'est même ainsi qu'il le définit. Ce noble attribut de sa nature une fois enlevé, que lui reste-t-il? A quoi se borne sa moralité? A sa conduite privée, à des ver-

2

tus particulières, et comme il n'a par lui-
même aucune action à exercer sur la chose
publique, ces vertus privées deviennent assez indifférentes à l'État, au bien général.

Il y a long-temps que Montesquieu a dit
que la vertu n'était pas le principe des gouvernements monarchiques; il l'a peut-être
dit d'une manière trop absolue, trop géné-
rale, j'ai cherché jusqu'à quel point cela peut
être vrai.

Dans un État où tout est ordonné, réglé
par une volonté supérieure et dominatrice,
ce pouvoir a moins besoin de mœurs pures
que de dévouements absolus; aussi les sti-
mule-t-il par tous les moyens qui sont à sa
disposition, l'ambition, les honneurs; quant
aux esprits rigides, aux mœurs inflexibles, il
les écarte. Ce ne serait souvent pour lui
qu'un embarras.

Lorsque dans un État il n'y a plus de place
pour la vertu, il est difficile que le plus grand
nombre reste vertueux sans profit, aussi le

choix n'est-il pas long. Lorsqu'il n'y a plus possibilité d'être citoyen, on se fait courtisan; et au juste orgueil, à la juste émulation du premier, succède la vaniteuse ambition du second. Pour tous alors, il n'y a plus qu'un but, un désir, c'est à qui attirera sur lui quelques rayons de l'astre dispensateur, et dans cette lutte d'amour-propre, d'égoïsme aiguisé par l'envie, on ne saurait concevoir à quelles mesquines passions s'ouvre l'âme humaine, à quelle manie de puériles distinctions elle peut descendre.

Elle le savait bien la Royauté, elle savait bien quelle puissance plaçait en sa main cette triste faiblesse qui mettait à ses pieds tous les intérêts divisés et affaiblis. Aussi voyez quel parti elle en tire.

Après le renversement de la grande féodalité, restait encore une aristocratie imposante par sa richesse territoriale, la place qu'elle occupait dans la nation; elle aurait pu, si elle avait su organiser ses forces, opposer une

2.

digue infranchissable au pouvoir, et fonder les libertés nationales sur des bases inébranlables.

Qu'en fait la Royauté? elle l'attire par les frivoles honneurs (1) qu'elle sème sous ses pas, stimulant la vanité individuelle de ses membres par des distinctions, elle attise le feu de cette envieuse jalousie qui les divise et les déchire. Et bientôt cette triste passion qui, sous le prétexte des droits d'une vaine égalité, s'est toujours opposée à toute hiérarchie, à toute organisation de forces, les lui livre désarmés et désunis; triomphante, elle leur enlève alors tout pouvoir politique, ne leur laisse que de vains priviléges, exploite à son profit leurs richesses, leur sang, parfois jusqu'à leur honneur, et réduit une des plus nobles portions de l'État à n'être plus qu'une

---

(1) Elle employa d'autres moyens, je le sais; elle fit tomber quelques-unes des têtes les plus fières; mais je ne sache pas que la hache du bourreau ait jamais détruit une aristocratie : le moyen le plus sûr est de l'avilir.

foule avide à se disputer un sourire du maître,
ses grâces ou de ridicules faveurs (1).

Il ne faudrait pas croire que cet esprit de
courtisanerie, eette manie de distinctions frivoles s'arrêtât à la noblesse ; elle avait en-
vahi toute la nation, et ce serait une grande
erreur de se figurer les membres du tiers-état
comme autant de Brutus regardant de toute
la hauteur de leur vertu ce spectacle de frivoles et démoralisantes vanités.

Non, le tiers-état n'aimait pas la noblesse,
mais il l'enviait, l'imitait quand il pouvait,
et déversait à son tour ses dédains sur tout
ce qu'il croyait au-dessous de lui.

Dès qu'un bourgeois avait fait fortune, il
s'empressait d'acheter une de ces charges qu'on
appelait *savonnette à vilain,* et le ridicule du
mot n'avait pas fait justice du ridicule de la
chose. Voltaire lui-même, au moment où son
nom était une puissance, sollicitait une place de

(1) Celles, par exemple, de porter un justaucorps de telle ou
telle couleur, ou de souffler un bougeoir.

ce genre, d'un ordre très-subalterne à la cour,
et cherchait à se rendre madame de Pompa-
dour favorable en l'appelant la *nouvelle Égérie*.

La hiérarchie sociale offrait un singulier
spectacle, il semblait qu'elle ne fût qu'une suc-
cession de mépris qui, descendant des premiers rangs, retombait jusqu'aux derniers,
puis une envieuse jalousie qui, partant de
ces derniers rangs, remontait jusqu'aux premiers.

L'esprit qui sans cesse venait désunir
les membres d'un même ordre divisait les dif-
férents ordres, les divers corps entre eux.

La noblesse dédaignait la magistrature,
qu'elle affectait de confondre avec la bourgeoi-
sie. A son tour, la magistrature, qui était per-
suadée valoir beaucoup mieux et possédait en
fait un pouvoir plus réel, ne perdait aucune oc-
casion de le lui faire sentir, et trouvait le
moyen de lui rendre tous ses mépris.

Le haut clergé se regardait comme supé-
rieur à tous ; il était aussi jalousé par le clergé

inférieur, et présentait le triste spectacle de
mœurs peu régulières à peine rachetées par
quelques vertus exceptionnelles.

Dans un tel état de choses où les corps
comme les individus étaient soumis à une
action dissolvante et corruptrice, où la plupart des intérêts, désunis, morcelés, ne pré-
sentaient plus que la lutte des individualités,
pense-t-on que la nation pût gagner en intel-
ligence de la vie sociale, de ses moyens d'organisation et d'action? Non, cette habitude
de voir tout faire, tout ordonner, tout régle-
menter par la royauté, l'avait laissée s'en-
gourdir, tomber dans une apathique ignorance, et, semblable à l'enfant dont on aurait
toujours soutenu les membres, guidé les pas,
pour qui on aurait évité tous les écueils,
elle ne possédait ni le sentiment de sa force,
ni celui de sa faiblesse, et restée complète-
ment étrangère aux détails pratiques de la
vie politique, elle n'en connaissait ni l'action,
ni le mécanisme, ni les moyens, ni les dan-

gers; n'avait enfin aucune expérience de gouvernement des citoyens par les citoyens; en
un mot du *self government*, car je suis obligé
d'emprunter à une langue étrangère l'expression qui peint ma pensée et que même le
langage actuel me refuse.

Il est un trait du caractère de la nation française qui a joué un rôle trop important dans
ses destinées pour ne pas le signaler et s'y arrêter. C'est l'amour de la gloire; s'il y a un
pays qu'elle enivre, c'est la France.

Aussi les splendeurs du règne de Louis XIV
avaient-elles contribué plus que toute autre
chose à cet envahissement de la Royauté. Ce
prince avait osé dire l'*État c'est moi*, mais à
cette nation dont en son orgueil il se faisait le
symbole, la personnification; il avait su prêter
un si digne langage, il avait porté si haut sa
puissance et son nom qu'il n'était pas de cœur
si fier, d'âme si indépendante qui ne s'oubliât
pour se confondre avec orgueil dans cette
gloire du nom français.

La fin de son règne fut triste et pesante pour le pays; mais dans le malheur même sa dignité ne l'abandonna jamais. Congédiant le maréchal de Villars, auquel il confiait la dernière armée qui restât à la France, dont les frontières étaient déjà envahies : « Partez, » monsieur le maréchal, lui dit-il, livrez ba-» taille ; si vous la perdez, n'écrivez qu'à moi, » à moi seul. Je convoque aussitôt le ban et » l'arrière-ban : réuni aux débris de votre ar-» mée, je livrerai une seconde bataille ; si je la » perds encore, alors je me retirerai dans la » plaine Saint-Denis ; là, à la tête de ma no-» blesse et de mes fidèles sujets, je marche à » mes ennemis pour la troisième fois. Si je suis » encore battu, mon tombeau n'est pas loin. »

Lorsqu'un roi parle ainsi en France, il est vraiment roi. Il n'y a pas une fibre de l'honneur national qu'il ne fasse tressaillir; on ne raisonne plus alors, on est prêt à succomber avec lui.

Mais lorsqu'à tant de grandeur succédèrent

les orgies de la Régence et les turpitudes de
Louis XV, lorsque la France vit peser sur
elle un sceptre avili, elle se réveilla comme
effrayée du degré d'infamie auquel on l'avait
fait descendre.

A ce sentiment d'affaissement, d'humiliation,
contre lequel se révoltait la dignité nationale,
coïncidait la marche d'un grand travail in-
tellectuel qui s'élaborait dans la pensée humaine, et qui alors avait pris la France pour
foyer, pour interprète.

Je veux parler de cette révolution dans les
idées, de ces doctrines, dont le point de départ fut de remplacer l'autorité par le libre examen, dont la première grande expression fut
la réforme religieuse, qui, se traduisant suc-
cessivement en politique par les deux révolutions d'Angleterre en 1649 et 1688, poursui-
vant sa marche dans ce pays, dans les écrits de
ce qu'on appelait les *free thinckers*, puis dans
ceux de Locke, avait enfin pénétré en France
vers le commencement du xviiie siècle par

Voltaire, et prenait pour interprète son génie, celui de quelques grands écrivains.

Ce n'est point ici le lieu d'examiner ni de
suivre dans ses phases cette révolution d'idées
qui avait eu et devait encore avoir une si grande
influence sur la société et la politique. Qu'il
suffise de dire que du principe de libre examen sortirent les doctrines de résistance à
l'autorité religieuse, puis celles de résistance
à l'autorité civile. — Long-temps la réforme
politique s'appuya sur la réforme religieuse, puis il y eut scission entre la religion et la politique; cette dernière tirant alors
ses principes d'une philosophie sceptique,
que chaque pas tendait à éloigner du spiri-
tualisme avec Hume et Locke, bientôt ou-
vertement irréligieuse avec Voltaire, complète-
ment incrédule et sensualiste avec d'Alembert
et Diderot, touchant presque déjà au matéria-
lisme et à l'athéisme.

Ce fut alors un singulier spectacle que celui
de cette vieille société française, énervée dans

ses mœurs, blasée dans ses plaisirs, mais ayant le sentiment de sa décrépitude, accueillant avec avidité des doctrines qui semblaient lui ouvrir un monde nouveau, lui promettre une régénération, une nouvelle vie, puis s'emparer avec toute la vivacité, l'impressionnabilité de son imagination, de cette foule d'idées nouvelles, d'innovations, de théories séduisantes que lui offraient avec le prestige du talent, parfois du génie, de nombreux écrivains.

Jusqu'alors si les mœurs étaient corrompues, il y avait toutefois des croyances, des convictions ; bientôt ces croyances tombèrent une à une. Il n'y eut bientôt pas une des idées ou des principes qu'on avait considérés jusque-là comme le fondement de l'ordre social, qui ne fût battu en brèche et ébranlé jusque dans ses fondements.

Et tout cela se faisait avec une inconcevable légèreté, pour ainsi dire, en se jouant, sans pensée immédiate de renversement.

Ces doctrines pénétraient partout : elles
étaient émises dans le palais des rois ; des courtisans s'en faisaient les interprètes, des prêtres
se faisaient les apôtres des opinions les plus
hardies en morale et en religion.

Il semblait que toutes ces idées, qui ne ten-
daient à rien moins qu'à changer l'état moral,
politique et religieux de tout un peuple, de
l'humanité même, ne fussent qu'un thème
brillant sur lequel chacun avait à s'exercer,
un roman dont chacun était appelé à écrire
sa page.

Jamais époque n'offrit un contraste plus
grand entre les mœurs et les doctrines, les
doctrines et la position sociale des individus.

Des salons où régnaient le luxe le **plus**
raffiné, les habitudes les plus amollies, reten-
tissaient de l'éloge des mâles vertus de Sparte
et de Rome ; car, par une singulière aberra-
tion de l'esprit, c'est là qu'on allait chercher
ses modèles.

L'impératrice Catherine caressait les philosophes, faisait venir Diderot à sa cour, et l'on sait quel souhait Diderot formait pour les rois.

Le génie même ne fut pas exempt de ces contrastes. A quelle autre époque la même plume eût-elle écrit l'*Esprit des lois* et le *Temple de Gnide?* n'est-ce pas le même écrivain qui médita l'*Essai sur les mœurs* et les *Lettres philosophiques*, et qui écrivit cet autre livre, indigne outrage à notre histoire nationale, à un de ses plus nobles et plus touchants épisodes? Rousseau, l'homme à qui peut-être il a été donné de prêter à la vertu le plus éloquent langage, eh bien, il fait un roman, et il le fait tel, qu'il se croit obligé de mettre à la première page : Celle qui le lira est une fille perdue.

Quant à ces doctrines en elles-mêmes, si on les considère dans leur propre essence et dans leurs effets, on voit que si elles développèrent dans l'homme de nobles aspirations

en lui faisant mieux comprendre la dignité
de sa nature, ses droits imprescriptibles à une
liberté qu'il pouvait revendiquer, le but social qu'il devait poursuivre ; d'un autre côté,
sapant impitoyablement toutes ses convictions
religieuses et morales, elles le livraient désarmé
à l'empire de ses passions, n'ayant d'autre
frein et d'autre guide que les lueurs vacillan-
tes d'une philosophie qui chaque jour se détruisait elle-même, d'autre espérance que des
utopies plus ou moins brillantes qui, conçues
à priori, partant ordinairement de quelques
principes très-abstraits , très-généraux , n'é-
taient qu'un point de vue très-imparfait, très-
superficiel de sa nature, des conditions dans lesquelles il était placé, ne répondaient nullement
à ses besoins, à ses tendances, à ses faiblesses ; en un mot, ne résolvaient pas le problème
par cela même qu'elles en laissaient de côté la
plupart des données.

Effectivement, en politique, en organisation sociale, il est plus facile d'imaginer que

d'observer, d'inventer que d'étudier, raison-
ner et déduire d'après les faits.

Ce n'est que par une longue expérience,
mûrie par la méditation, qu'on arrive à comprendre qu'en fait d'organisation sociale,
comme en toute autre chose, il n'a pas été
donné à l'homme de créer (1), qu'il ne peut

(1) Rousseau médite le contrat social, sa pensée s'élabore, et
il finit par être conduit à dire qu'il faudrait des *dieux pour
donner des lois aux hommes.* Lorsque la Pologne le consulte sur
ses institutions, leur propose-t-il son livre? Non. « Corrigez, leur
» dit-il, corrigez s'il se peut les abus de votre constitution, mais
» ne méprisez pas celle qui vous a fait ce que vous êtes. »

Fox, dans toute la maturité de son talent, la vigueur de son
génie, s'écrie : « Que si par une intervention de la Providence,
» les sages de tous les temps et de tous les pays étaient réunis,
» il ne pensait pas que toute leur sagesse vînt à bout de faire une
» constitution passable. »

Enfin quel est le dernier mot de la philosophie de Vico,
de ce génie profond dont toute la vie se consuma à scruter les
mystères de la société? *C'est que l'humanité est son œuvre à
elle-même*, que l'humanité est *divine*, mais qu'il n'y a point
d'homme divin; que là où le génie individuel est impuissant, la
suite des générations, la marche de l'humanité accomplit son
œuvre.

Je ne sais si je m'abuse, mais il me paraît y avoir quelque
chose de bien grave et bien imposant à voir ces trois hommes,
arrivant au terme de leurs méditations, trouver pour limite cette
même pensée.

qu'employer les éléments qu'il a à sa disposition, les organiser, les combiner, parfois peut-être les modifier.

Mais à l'époque d'entraînement dont nous parlons, on était loin d'en être arrivé là. Chacun voulait *faire de la politique*, et croyait avec une naïve bonne foi qu'on fait une constitution comme une œuvre d'imagination.

Aussi Montesquieu, dont l'école est toute de science et d'observation, avait-il été bientôt abandonné. Il avait été peu compris, on crut l'avoir dépassé, et littérateurs, beaux-esprits, gens du monde, dont la grande affaire, dans cette société légère et frivole, était de briller, se jetèrent à l'envi dans la nouvelle carrière.

Les uns firent de la politique avec le cœur, de la politique de sentiment : nous eûmes

Que dans l'organisation des sociétés il y a quelque chose devant laquelle l'homme s'arrête impuissant, et que peuvent seulement accomplir la suite des générations, la marche de l'humanité, obéissant à des lois éternelles et immuables.

3

beaucoup de rêveries philanthropiques ; les
autres en firent avec l'esprit, l'imagination ;
beaucoup se jetèrent dans la métaphysique
politique et les abstractions : cette manière de
traiter des sujets d'une haute gravité séduit
trop souvent les esprits élevés, elle éblouit les
esprits vulgaires. En somme, elle est assez
facile, elle ne demande ni grande science, ni
longues études, il suffit de quelques principes
très-abstraits, très-généraux que chacun peut
ou croit comprendre. Puis, par une erreur
assez commune à notre faiblesse qui, trop
souvent, dans l'imperfection, l'impuissance
de nos facultés, croit rencontrer la vérité là
où se présente la simplicité, l'unité, plus on
généralisait, plus on simplifiait et plus on
croyait dominer et maîtriser le problème
social.

On se figurerait difficilement l'importance
qu'on attachait à certaines abstractions, qui
pourraient paraître aujourd'hui fort puériles.

Il semblait que de quelques principes mé-

taphysiques dût découler une ère de bonheur
et de régénération pour le genre humain ; car
ce n'était plus de telle ou telle nation qu'il
s'agissait, on aurait eu pitié de s'occuper de
si peu ; non, on avait trouvé le flambeau qui
devait éclairer et guider l'humanité tout entière. Il n'y avait plus de doute, rien ne
semblait plus facile que cette transformation.
C'était à se demander comment on avait pu
vivre jusque-là, comment peuples, sociétés,
avaient pu se former, se développer. Il
semblait que le passé fût non avenu, que
jusque-là personne n'eût pensé, médité sur
tous ces grands problèmes dont on avait trouvé
la solution ; l'entraînement était sans bornes,
rien n'égalait la confiance, la conviction qui
s'étaient emparées des esprits.

On conçoit que, si de semblables disposi-
tions excitaient et répandaient à un haut degré l'amour du bien public, d'un autre côté
elles exaltaient outre mesure les imaginations
et les espérances ; déjà ne pouvait-on pas pré-

3.

voir que si on passait de la spéculation à la pratique, une semblable société fournirait plus
de déclamations éloquentes que de vues ap-
plicables, plus de tribuns que de législateurs,
de novateurs ardents que de juges éclairés.

Mais il est temps de me résumer : j'ai dit
ce qu'était l'Amérique au moment où elle se-
coua le joug de la métropole et fonda, par ce
qu'on appelle sa révolution, l'indépendance
de son gouvernement, et j'ai pu le dire en peu
de mots. Pour la France, j'ai essayé de la
montrer telle qu'elle était vers 1789, telle
que l'avaient faite les siècles, l'action très-
compliquée de son gouvernement, la marche
d'une vieille civilisation, enfin, les doctrines
philosophiques et politiques qui s'emparèrent
de la société française et la dominèrent au
XVIIIe siècle.

D'un côté, nous voyons une société qui n'a
point eu à subir le travail de cette pénible
élaboration par laquelle les peuples passent
de l'enfance à la maturité; qui, dès son

début à la vie comme peuple, a joui et pro-
fité des lumières de l'expérience acquise par la
civilisation anglaise (1), celle de toutes les ci-
vilisations de l'Europe moderne qui avait fait
à la dignité de l'homme, aux droits de sa nature
la plus large part; simple dans ses habitudes,
sévère dans ses mœurs, ce peuple trouvait
sa règle dans des croyances religieuses sincères et profondes; depuis deux siècles il pro-
fessait en politique les principes de liberté
les plus étendus et en puisait la source dans
les convictions les plus intimes de sa foi. Depuis long-temps il avait fait passer ces principes dans ses mœurs par l'usage; il était formé
par une longue expérience à la pratique des
affaires et à tous les détails d'une administration, d'un gouvernement dont l'action s'exerce
par les citoyens eux-mêmes. Il jouissait enfin

(1) They had not a constitution to build up from the foun-
dation, they had ours to work upon and adapt to their own
wants and purposes. Fox, 1793, à propos d'une motion de
M. Grey pour une réforme parlementaire.

Fox's speeches, t. v, p. 109.

des institutions qu'on a considérées, à juste
titre, comme constituant essentiellement les
garanties d'un peuple libre : le jury, la liberté de la presse, une représentation nationale fixe; et, notez-le bien, ces institutions
n'étaient point en Amérique l'essai, l'appli-
cation d'un vague système ou d'une pure
théorie, mais une longue habitude en avait
fait une seconde nature, on en jouissait
comme on jouit de la lumière du soleil,
comme d'un droit inhérent à l'homme et à
toute société.

De l'autre côté, nous voyons une vieille
monarchie s'affaissant de décrépitude, un
peuple vieux par ses souvenirs, par les préjugés, les précédents, les distinctions qu'ont
créées sa longue existence comme nation et la
nature de son gouvernement. Ce peuple conserve à peine le souvenir des libertés qu'il peut
avoir. Il n'a aucune expérience des affaires, de la
vie politique; sans mœurs publiques, ses mœurs
privées sont molles et corrompues; le scepti-

cisme a détruit presque toutes ses convictions religieuses, ébranlé ses convictions morales.

Mais, à côté de ces signes caractéristiques d'une société usée et caduque, il conserve cette vivacité d'imagination, cette facilité d'émotions qu'il tient de son origine gauloise.

Aussi à l'apparition de ces doctrines qui rappellent l'homme à la dignité de son être, de ces doctrines d'affranchissement et de liberté qui sympathisent si bien avec sa nature généreuse et enthousiaste, vous le voyez s'émouvoir, et mécontent, honteux pour ainsi dire du présent, il se précipite vers tout ce qui lui fait entrevoir un autre avenir.

Il saisit avec avidité toute idée nouvelle, s'en empare, s'en enivre, et croit, dans son ardeur de néophyte que, du rêve caressé par ses désirs, de ces théories brillantes où se complaît son esprit, il n'y a qu'un pas à la réalisation.

Il est bon de remarquer que le mouvement

dans les idées que nous signalons n'avait son
foyer que dans un petit nombre de têtes; ces
doctrines abstraites, théoriques n'exercèrent
une action comprise, raisonnée que sur une
très-petite fraction; et, pour l'immense majorité, il ne pouvait y avoir qu'un retentisse-
ment grossier, inintelligent; car, il faut le
dire, bien qu'il en coûte, la France est peut-
être le pays du monde qui a présenté, et qui
présente encore, le contraste le plus choquant
dans la répartition des lumières. Nulle part
ne se rencontrent d'une manière plus tranchée
les termes extrêmes du savoir, placés à côté
d'une profonde ignorance.

Maintenant que nous avons comparé, et
jamais ce rapprochement ne s'est présenté à
ma pensée sans l'attrister, car s'il explique
les vicissitudes du passé, il ne dévoile que
trop les difficultés de l'avenir, dites si le suc-
cès pouvait être semblable, dites si Morris, l'un
des fondateurs de l'indépendance américaine,
si Washington lui-même n'étaient pas en droit

d'écrire, dès 1789 : « Les éléments nécessaires
à une révolution manquent en France. — Chacun s'accorde à reconnaître que la ruine de
toute moralité y est complète ; aucune expression ne pourrait donner idée de cette extrême
corruption. — C'est cependant avec ces ma-
tériaux vermoulus qu'on veut élever l'édifice
de la liberté. Il semble bien à craindre qu'il
ne croule et n'écrase dans sa chute ceux qui
voulaient l'élever (1). — Ils veulent une constitution américaine, seulement un roi au
lieu d'un président, et ne pensent pas qu'ils
n'ont pas, pour soutenir cette constitution,
des citoyens américains. - Que deviendra la
France ? Elle retombera sous le despotisme
ou deviendra république, démocratie. Cela
pourra-t-il durer ? Je ne le pense pas (2). Je
suis même sûr du contraire, à moins que
toute la nation ne change (3). »

(1) Morris a Washington. 29 avril 1789.
(2) Morris a Carmichael, 4 juillet 1789.
(3) Cette citation me paraît trop grave pour n'en pas rapporter

« La révolution française est d'une nature
si extraordinaire que je puis à peine la concevoir; mais, bien qu'elle ait traversé d'une manière triomphante le premier paroxysme, je
crains bien que ce ne soit pas le dernier avec
lequel elle ait à lutter avant que les choses
soient définitivement établies. Cette révolution est d'une trop grande portée pour qu'elle
puisse être achevée en si peu de temps et qu'il
s'y soit versé si peu de sang.

» La licence du peuple d'un côté, les répres-
sions sanguinaires de l'autre, alarmeront les

___

le texte : « The materials for a revolution in this country are
very indifferent. Every body agrees in that there is an utter
prostration of morals. It is not by any figure of rhetoric or force
of language that the idea can be communicated. — It is however
from such crumbling matter, theat the great edifice of freedom is
to be erected here. — It seems likely that it will fall ant crush
the builders. — They want an american constitution, with the
exception of a king instead of a president, without reflecting
that they have not american citizens to support that constitution.
— It will degenerate into a pure monarchy or become a vast re-
public a democracy. Can that last? I thik not, I am sure not;
unless the whole people are changead.»

Morris's life and correspondence, p. 69, 75-78, t. 2°,
édit. de Boston, 1832.

amis du régime nouveau et renverseront bien
tôt leurs projets (1). Il est bien difficile de ne
pas courir d'un extrême à un autre; et dans
ce cas les écueils, aujourd'hui invisibles,
pourront bien briser le navire et *amener un
despotisme plus rude que l'ancien* (2). »

Ces paroles semblent avoir quelque chose
de prophétique, et cependant elles n'étaient
que le fruit de la sagesse et de l'expérience,
la pensée réfléchie d'hommes qui savaient
l'humanité, l'histoire éternelle de ses passions
et de ses faiblesses, et qui avaient trop d'habitude de la liberté pour ignorer à quel prix
seulement on peut la conquérir, et surtout la
conserver.

L'Amérique parvint en peu d'années à sur-
monter les difficultés inhérentes à toute ré-

(1) To forbear running from one extreme to another is no easy
matter and should this be the case rocks and shelves not visible
at present may wreck the vessel *and give a higher toned despo-
tism than the one which existed before.*

(2) Washington a G. Morris, 13 octobre, 1789. *Morris*, page
81, 82, tome II.

volution, parce que sa révolution ne fut que
l'expression de ses mœurs, d'habitudes depuis
long-temps consacrées, basées sur de profondes convictions politiques et religieuses.
A bien dire, cette révolution ne s'opéra que
dans les faits extérieurs, ne toucha pas à l'essence même des choses. L'Amérique ne fit que
suivre sa pente, obéir aux conséquences nécessaires de ses éléments naturels.

Tout fut difficile pour la France, parce
que sa révolution fut faite d'après des idées
théoriques en opposition avec ses mœurs,
sans base religieuse et morale.

Les seules institutions politiques puissantes,
efficaces, les seules qui puissent organiser
d'une manière durable les forces d'un peuple,
sont celles qui, n'omettant aucun des éléments sociaux naturels, qui, développées par
le temps, et filles des mœurs, en sont comme
l'expression, le complément, la régularisation.

De là l'immense difficulté pour une nation
dont la révolution s'est opérée seulement dans

les idées, qui, d'après ces idées, et *à priori*, s'est fait une constitution, de mettre en harmonie ses vieilles mœurs avec ses nouvelles lois. De là ces contrastes choquants, ces tergiversations, ces *à coup*, cette confusion d'idées et de systèmes qui jettent l'incertitude dans les esprits et trop souvent le désordre dans les choses.

Lorsqu'une nation, entraînée par des idées théoriques, entreprend de changer ses institutions et ses lois, il est difficile de prévoir où elle s'arrêtera; car, du moment où elle abandonne ses traditions, ses mœurs, ses habitudes, les faits, en un mot, il n'y a plus de base réelle, de point fixe auquel vienne se rattacher le nouveau système; et dès lors la chose publique est livrée à tous les caprices des passions, de l'imagination, du faux raisonnement, et trop souvent devient la victime d'une logique des idées qui, se mettant à la place de la logique des faits, l'entraîne bientôt, de conséquence en conséquence, jusqu'à

des résultats dont on était d'abord bien loin
de supposer le germe en certains principes (1).

L'histoire de nos cinquante dernières années n'est qu'une longue, frappante et trop
souvent terrible preuve de ce que j'avance,
Quel était le vœu de la France, en 1789, lors

---

(1) Prenons le premier article de la déclaration des droits de
l'homme et de la constitution de 1791.

Les hommes naissent et demeurent libres et égaux en droits.

Maintenant, faites une loi d'élection, une déduction rigoureuse
du principe posé vous amènera nécessairement à appliquer ce droit
d'élection à tous les citoyens.

Ce sera le suffrage universel, pourquoi même s'arrêter en route
et laisser les femmes de côté, pourquoi pas les enfants puisque
tous les hommes *naissent égaux en droits.*

Au milieu de l'effervescence que jette dans les esprits un grand
changement, une révolution, vous ne manquerez pas de gens qui
raisonneront ainsi. En voici la preuve :

« Tous les citoyens, quels qu'ils soient, a dit Robespierre,
ont droit de prétendre à tous les degrés de représentation. Rien
n'est plus conforme à votre déclaration de droits devant laquelle
tout privilége, toute distinction, toute exception doit disparaître.
chaque individu a droit de concourir à la législation par laquelle
il est obligé, sinon il n'est pas vrai que tous les hommes sont
égaux en droits, que tout homme est citoyen.»

Robespierre, 22 octobre 1789.

Quant à l'abbé Grégoire, il pensait que pour être électeur ou
éligible dans une assemblée primaire, il suffisait d'être *bon citoyen,
d'avoir un jugement sain et un cœur français* (même séance).
— *Histoire parlementaire de la Révolution,* t. 3, p. 212, 213.

de la réunion des États-Généraux ? Les cahiers des bailliages expriment ce que voulait alors l'immense majorité des Français. Voici, d'après le résultat du dépouillement présenté à l'Assemblée constituante, le 27 juillet 1789, les principes avoués et reconnus pour tous les cahiers :

I. Le gouvernement français est un gouvernement monarchique.

II. La personne du Roi est inviolable et sacrée.

III. Sa couronne est héréditaire, de mâle en mâle.

IV. Le Roi est dépositaire du pouvoir exécutif.

V. Les agents de l'autorité sont responsables.

VI. La sanction royale est nécessaire à la promulgation des lois.

VII. La nation fait la loi avec la sanction royale.

VIII. Le consentement national est nécessaire à l'emprunt et à l'impôt.

IX. L'impôt ne peut être accordé que d'une
tenue d'États-Généraux à l'autre.

X. La propriété sera sacrée.

XI. La liberté individuelle sera sacrée.

Ces vœux étaient l'expression intelligente
des besoins de l'époque, expression sage et
calme. Leur accord unanime est digne de toute
l'attention; ils renfermaient tout un avenir, et,
certainement, ils étaient bien loin de contenir
une pensée de bouleversement, de révolution
violente.

Tous les hommes qui, citoyens eux-mêmes
d'un pays libre, savaient ce que c'est que la
liberté (1), ont pensé que si la France eût pu

(1) Jefferson, troisième président des États-Unis, chef du parti
démocratique, qui, comme ministre plénipotentiaire en France,
avait assisté aux commencements de notre Révolution, écrivait,
le 14 février 1815, à M. de La Fayette : «Très-probablement vous
devez vous souvenir qu'à l'époque du serment du *jeu de paume*, je
vous conjurai avec instance, ainsi que quelques patriotes de ma con-

ou su s'en tenir à ces garanties, elles lui pro-
mettaient pour l'avenir tous les développe-
ments désirables, et renfermaient les germes
de tous les progrès.

Lorsque l'on compare la modération de ces
vœux à l'effervescence qui régnait déjà dans
les esprits, surtout au fatal entraînement qui
lui succéda plus tard, il semble qu'on doive y
reconnaître, comme l'expression d'un sens
intime, cette voix de la raison, de la conscience,
qui retentit au fond de l'âme, alors même
qu'au dehors gronde déjà le tumulte des passions.

Mais lorsque les hommes furent en présence, lorsqu'ils furent en présence avec leurs

---

naissance, d'entrer en arrangement avec le roi, demandant pour
garanties *la liberté religieuse, la liberté de la presse, le jugement par le jury, l'habeas corpus, une représentation nationale,* choses que tout le monde sait qu'il eût accordée, puis
alors de retourner chacun chez vous et d'attendre du temps, du
progrès des lumières dans la nation le perfectionnement de votre
œuvre. Voilà ce qui alors me semblait être dans les vrais intérêts de votre pays, je ne pensais pas qu'il fût capable d'user so-
brement d'une plus grande dose de liberté.
Jefferson's correspondence, t. iv, p. 253 et 254.

préjugés, leur amour-propre, les animosités,
d'ordre, de caste, de parti, leur inexpérience
des affaires et leurs prétentions théoriques;
raison, amour du bien public, bientôt tout,
jusqu'à l'espérance, fut englouti dans les luttes d'une révolution dont la fatale destinée
était de se dévorer elle-même.

Quelques mois s'étaient à peine écoulés depuis l'ouverture des États-Généraux, et déjà
le découragement, la déception perçaient dans
le langage des deux hommes qui, dominant
l'assemblée par la parole et par la pensée,
avaient surtout contribué à lui imprimer la
direction qu'elle avait prise.

Siéyès laissait dédaigneusement tomber sur
ce Tiers-État qu'il venait de proclamer la nation, ces paroles où respire aussi le dépit:

*Ils veulent être libres, et ne savent pas être
justes.*

Dans l'intimité il disait à un de ses amis (1),

(1) Le professeur Laromiguière, voir Droz, *Histoire de
Louis XVI*, t. ii, p. 418.

« Si j'avais su comment tournerait la révolu-
» tion je ne m'en serais jamais mêlé. »

Mirabeau, en qui la puissance de la raison
l'emportait souvent sur les instincts du tribun,
s'effrayant de l'entraînement de l'assemblée
pour de vagues théories, s'efforçait de lui
dire que « jamais la liberté ne fut le fruit
» d'une doctrine abstraite et de déductions
» philosophiques, les bonnes lois résultent
» de l'expérience de tous les jours et des rai-
» sonnements qui naissent de l'observation
» des faits. » Il ajoutait dans le même dis-
cours : « Vous ne ferez jamais la constitution
» française, ou vous aurez trouvé un moyen
» de rendre quelque force au pouvoir exécutif
» et à l'opinion. »

Quel était l'état du pays ? Voici les termes
d'un rapport fait par une commission le 3
août 1789 à la tribune de l'assemblée.

« Les propriétés, de quelque nature qu'elles
» soient, sont la proie du plus coupable bri-
» gandage ; de tous côtés les châteaux sont

4.

» brûlés, les couvents détruits, les fermes
» abandonnées au pillage ; les impôts, les re-
» devances seigneuriales, tout est détruit; les
» lois sont sans force, les magistrats sans auto-
» rité, la justice n'est plus qu'un fantôme qu'on
» cherche vainement dans les tribunaux. »

Deux mois encore et les meilleurs citoyens,
les amis les plus sincères de la liberté, des
hommes à qui il restera la gloire d'avoir, dès
cette époque difficile, indiqué pour la France
les institutions qu'elle adopta vingt cinq ans
plus tard, Mounier, Lally-Tollendal, bientôt
Bergasse, puis Clermont-Tonnerre, épuisés par
une lutte sans espoir, ne pouvant plus élever
une voix que couvrait celle des factions,
échappent par la retraite, la fuite ou l'exil aux
vengeances démagogiques.

Les temps où la révolution pouvait être
contenue dans une voie de justice et de modération étaient déjà passés. *La France avait
traversé la liberté* (1).

1) Expression de Pitt.

L'Assemblée constituante, qui avait montré tant de puissance pour détruire, acheva péniblement sa tâche au milieu de l'anarchie qui l'envahissait. Que légua-t-elle à ce pays dont elle avait juré d'assurer l'avenir? une royauté outragée et avilie, le pouvoir déconsidéré, l'autorité publique sans unité, sans force, se morcelant en mille fractions que se disputaient les frénétiques passions des clubs et des assemblées populaires. Que laissait-elle pour espérance, pour ressource en de telles circonstances, une constitution que ceux-là mêmes qui l'avaient faite s'accordaient à regarder comme impraticable, œuvre éphémère qui devait bientôt disparaître au premier souffle des factions.

Lorsque l'histoire déroule à nos yeux de semblables exemples, je l'avouerai, ma pensée s'arrête effrayée, je me demande si c'est en vain ou plutôt si ce n'est pas par une amère dérision que *la Providence a laissé échapper de ses mains l'homme intelligent et libre* (1); si elle ne lui a fait comprendre la dignité de sa nature, si elle ne lui a fait entrevoir un avènir meilleur que pour le condamner avec plus d'amertume à d'incessants combats, à d'incessantes douleurs.

Car en cette Assemblée constituante, vibraient fortement le sentiment de la patrie, l'amour, le respect de l'humanité.

Quelle réunion politique en France compta jamais plus de voix éloquentes? Quelle assemblée peut se vanter d'avoir montré plus de dévouement au pays et d'abnégation d'elle-même?

Cette fameuse nuit du 4 août, si elle montre la légèreté du caractère français, n'atteste-t-elle pas aussi sa noble générosité? Il s'y consomma plus de sacrifices de toutes espèces qu'il ne s'en accomplit souvent pendant le cours de longues générations.

Comment tant de désintéressement, de si nobles instincts amenérent-ils de si tristes ré-

(1) Expression de M. Royer-Collard.

sultats et bientôt des conséquences si fatales!
Comment? c'est que, si la Providence a fait
l'*homme intelligent et libre*, intelligent pour
comprendre et discerner, libre pour choisir
et vouloir, elle a en même temps imposé à sa
nature certaines lois, certaines conditions dont
il ne se départ jamais impunément.

Ces lois, ces conditions, l'Assemblée les
dédaigna. Entraînée par de vagues théories
dès son début, elle rompit la chaîne des temps,
brisa avec le passé, ses souvenirs, ses traditions, oubliant que le passé, les souvenirs,
les traditions sont une partie de nous-mêmes,
qu'ils constituent des intérêts, des passions,
des préjugés, et que, surtout en France, il y
a des préjugés qu'on appelle honneur.

Du jour où retentit cette fameuse réponse
de Siéyès à la question : « Qu'est-ce que le
Tiers-État? — Tout; » du jour où la pensée
qu'exprimait cette réponse s'empara des esprits et les dirigea, la révolution fut à la fois
faite et compromise : faite, parce que par cela

même on détruisait tout un ordre de choses, ou plutôt on le niait; compromise, parce que dès lors elle n'était plus vraiment nationale et s'accomplissait au profit d'une fraction.

Pensait-on que tout un ordre habitué à dominer, qui possédait une grande partie des biens territoriaux du pays, qu'une noblesse orgueilleuse enfin, se laisserait effacer, sans mot dire, des rangs de la nation? et cette multitude dont ils proclamaient emphatiquement les droits, dont parfois ils appelaient les rudes mains à accélérer leur œuvre, ne l'entendaient-ils pas gronder derrière eux? pensaient-ils qu'ils en feraient les instruments passifs de leur triomphe? qu'elle aussi ne demanderait pas à sa manière sa part de la victoire?

L'erreur fatale de l'Assemblée constituante fut de se placer en dehors des faits, des éléments naturels, de les méconnaître, de poursuivre sa route sur un terrain factice que minaient à chaque pas les intérêts qu'elle froissait, les passions qu'elle soulevait; de procéder enfin

non d'après l'*analyse*, l'étude des éléments
existants ; mais si je puis m'exprimer ainsi,
synthétiquement d'après des idées avec un
système préconçu, en dehors de la réalité.

Aussi quelle fut son œuvre ? une suite de
règles qu'elle essaya de tirer de principes abs-
traits, de déductions philosophiques qu'elle
appelait droits naturels ; œuvre sans racine
dans le passé, sans lien avec la nation réelle,
positive, telle que l'avaient faite les temps, les
usages, les préjugés ; œuvre impuissante,
lettre morte, car il lui manquait une âme pour
l'animer, constitution qui n'en était pas une,
car constituer c'est lier ensemble les parties
d'un tout, et ces parties, au lieu de les organiser, elle les écartait ou les brisait à son gré.

A peine était-elle terminée, que déjà l'opinion
de ses auteurs la frappait d'impuissance, de
stérilité.

Un instant ils eurent la pensée de revoir
leur ouvrage, mais il était trop tard ; semblables au vieillard qui tend en vain ses mains dé-

biles vers un passé qui ne lui appartient plus, abattus, découragés, ils étaient emportés par la tempête ; les temps n'étaient plus à eux, ils étaient à ces passions implacables et furieuses, qui déjà déchiraient le sein de la patrie, attirant sur elle à la fois tous les fléaux et tous les crimes, la guerre extérieure, la guerre civile, épouvantant nos cités par le meurtre et l'assassinat, préludant, enfin, par les attentats du 20 juin, du 10 août, et les massacres de septembre, au terrible système qui bientôt allait peser sur la France.

Qu'on se reporte à l'ouverture des États-Généraux et qu'on juge de l'immense espace franchi en trois années ; lois, institutions, royauté avaient été renversées, et vous-même vous aviez succombé, assemblée naguère si confiante et si fière, reine un jour et bientôt esclave. Le vieil édifice avait croulé sur vous, il vous avait entraînée dans sa chute, vous n'aviez fait que passer : oui, tout avait disparu, tout, excepté ces intérêts, ces passions que vous aviez foulées aux pieds ou dédaignées, et qui maintenant se relevaient pleines de haine et de vengeance. Vous aviez voulu tout changer, mais, les hommes, les aviez-vous changés, aviez-vous changé les vieilles mœurs, la vieille nation?

Pensiez-vous donc qu'il suffit de quelques doctrines philosophiques, écrites dans ce que vous appeliez une constitution, pour refaire tout un peuple? pensiez-vous qu'il pût en un instant effacer son passé, oublier ses traditions, perdre ses souvenirs? mais tout cela c'est presque la patrie, et ne saviez-vous donc pas qu'avant d'apprendre il faut oublier?

Non, vous ne le saviez pas, aussi *avez-vous été trouvés trop légers*, et malgré le dévouement dont vous avez donné tant de preuves, malgré votre désintéressement, malgré les services que vous avez rendus, malgré vos talents, votre souvenir servira à jamais à montrer par un grand exemple qu'il est des lois imposées par le Créateur à la nature humaine, au développement des sociétés qu'on ne transgresse jamais en vain.

Ce que vous aviez méconnu, ceux qui recueillirent votre héritage le reconnurent; vous aviez détruit les institutions, c'est aux mœurs, aux habitudes, à l'esprit même de la nation contre lesquels vous étiez venus vous briser qu'ils s'attaquèrent.

Rabaud de Saint-Étienne avait dit : « Pour » rendre le peuple heureux il faut le renou- » veler, changer ses idées, changer ses lois, » changer ses mœurs, changer les hommes, » changer les choses, changer les mots, tout » détruire : oui, tout détruire, puisque tout est » à recréer. »

Vous, hommes de 1789, vous aviez hésité, le cœur vous avait manqué pour une telle œuvre; mais il devait se trouver des hommes à qui il ne manquerait pas. Vous aviez semé les principes, ils devaient les faire germer, et logiciens impitoyables en tirer toutes les conséquences.

Ils se mirent à l'œuvre, ces terribles novateurs, et tandis qu'une multitude effrénée
poursuivait le cours de ses dévastations et de
ses ignobles cruautés, eux, la tête froide, le
regard assuré, suivaient les convulsions de cette
malheureuse nation, calculant systématique-
ment quels sentiments il fallait lui laisser,
quels sentiments il fallait arracher de ses en-
trailles, et fût-ce ceux que la nature a le
plus profondément enracinés en nos âmes,
rien ne les arrête. Pour eux la terreur ne fut
pas une vengeance, ce ne fut qu'un moyen;
pour faire disparaître une idée, ils comptent
combien il y a de têtes à abattre; pour en faire
triompher une, quel ordre de citoyens, quelle
génération tout entière il faut anéantir.
« Plus le corps social transpire, plus il est
sain, » disait Collot-d'Herbois; et vous, Bar-
rère, vous aviez raison quand vous disiez :
« Il n'y a que les morts qui ne reviennent
pas. »

Robespierre, Saint-Just, vous fûtes de puis-

sants et terribles législateurs ! Pendant un
an vingt-cinq millions d'hommes ont tremblé
à votre seul nom ; un instant vous avez cru
triompher de cette nature humaine que vous
faisiez frémir. Jamais on n'avait autant osé
contre elle, il n'est pas une émotion généreuse du cœur dont vous n'ayez fait un
crime, pas une distinction de l'âme ou de
l'esprit que vous n'ayez frappée. Les Néron,
les Tibère immolaient leurs victimes, mais
ils ne les insultaient pas en leur disant que
c'était au nom de la *justice* et de la *vertu*.
Il n'appartenait qu'à vous d'ériger la des-
truction en un hypocrite système. Du peuple
le plus poli de la terre vous aviez fait
l'effroi des nations, et parmi ce peuple on
ne comptait plus que des bourreaux ou des
victimes. Non, rien n'égala l'énergie de
votre pouvoir, votre effrayante habileté ;
il semblait que tout eût dû s'engloutir dans les
sanglantes orgies du plus affreux fanatisme,
et cependant vous aussi avez disparu, et

vos efforts à quoi ont-ils abouti ? Quelques
années après votre chute, la France épuisée,
fatiguée de désordres, d'anarchie, se réfu-
giait dans le despotisme d'un seul, et dans
cette ville où vous aviez fait tomber une tête
de Roi, croyant anéantir la Royauté, dans
cette église dont les autels souillés avaient
vu d'immondes saturnales, le chef d'une religion proscrite versait l'huile sainte sur ce
front où la volonté de la nation venait de dé-
poser une couronne.

Qu'après le régime qu'elle venait de subir
la France ait cherché dans le despotisme le
repos et des conditions d'ordre dont une société ne peut se départir sans se condamner
à périr, c'était tout naturel, la réaction seule
pouvait opérer ce changement. Il suffit d'ouvrir l'histoire pour savoir qu'une démocratie
tumultueuse ou l'anarchie conduisent fatale-
ment au pouvoir despotique ; mais ici une cause
au moins aussi puissante agissait : en dépit de ses
formes républicaines, en dépit de tous les chan-

gements qui s'étaient opérés, la France était
encore par les mœurs ce que l'avait faite une
monarchie de quatorze siècles ; on avait ren-
versé les formes extérieures , mais on n'a-
vait fait que troubler la surface des choses,
on ne les avait point pénétrées, virtuellement
changées, et, comme je l'ai déjà répété, les
mœurs sont plus puissantes que les institutions
politiques, que les idées, que les doctrines,
je dirai même que certain fanatisme qui,
semblable à certains enivrements, ne dépasse
pas la tête.

Aussi quel rôle jouèrent sous l'Empire la
plupart des démagogues? quels gens se sont
montrés plus amoureux de titres et de distinctions que ces tendres amis de l'égalité ré-
publicaine? Il y a eu des exceptions, je le
sais, mais on les compte; justice soit rendue
à ceux qui restèrent conséquents avec eux-
mêmes; encore le nombre en serait-il moins
grand, mais tous ne valaient pas la peine
d'être achetés.

A voir cette foule dorée qui remplissait le palais, ces courtisans au maintien respectueux et compassé, venant chercher la faveur du maître, cette hiérarchie nobiliaire, cette étiquette des cours ; à entendre ces protestations de dévouement et d'amour, ce concert de louanges et d'adulations qui, de toutes les parties de l'Empire, venaient se confondre au pied du trône, aurait-on pu reconnaître ce peuple qui, quelques années auparavant, avait tant de fois juré haine et proscription éternelle à la Royauté et aux priviléges ?

Mais l'observateur attentif eût bientôt retrouvé la vieille nation façonnée par un long état monarchique, aimant l'éclat dans son souverain, vaniteuse, avide de distinctions et d'honneurs ; nation à l'imagination impressionnable et mobile, pleine d'engouement pour la nouveauté, passant avec rapidité de l'extrême à l'autre des sentiments les plus opposés. Il n'eût surtout pu

5

la méconnaître, cette vieille race qui depuis
deux mille ans se plaît au bruit des batailles,
à voir l'entraînement avec lequel elle se pré-
cipitait sur les pas du nouveau César, *de son
empereur*, lui prodiguant ses enfants, s'en-
ivrant de gloire et de conquêtes, oubliant
tout par elles, jusqu'à cette liberté, cette égalité, dont hier encore elle faisait ses idoles.

C'en était fait, 1789 n'était plus qu'un
rêve, et la France avait parcouru ce cercle
fatal, inévitable, dans lequel sont entraînées
les nations qui, comme elle sortant de leurs
voies, oubliant la nature et les faits, se li-
vrent à l'entraînement d'idées systématiques
et à de spécieuses théories.

La parole de Washington s'était accomplie :
*la révolution avait amené un despotisme plus
rude que l'ancien.*

Plus tard, nous verrons la France rentrer
dans la carrière de la liberté..... Mais j'ai
déjà peut-être, mon cher N***, abusé bien
long-temps de votre attention et de votre

indulgence; je m'arrête donc, me réservant, dans une prochaine lettre, de suivre dans ses nouvelles phases le grand drame dont j'ai cherché à esquisser quelques traits.

N. COLBERT.

Gambais, juin 1842.

www.ingramcontent.com/pod-product-compliance
Lightning Source LLC
Chambersburg PA
CBHW070902210326
41521CB00010B/2025